SNEAKY PRESS

A catalogue record for this work is available from the National Library of Australia.

ISBN 9781922641991

Sneaky Press is the imprint of Sneaky Universe.
www.sneakyuniverse.com
First published in 2023

Sneaky Press
Melbourne, Australia.

O Livro de Fatos Aleatórios Aleatórios sobre Aviões

Sneaky Press

Conteúdo

Fatos aleatórios sobre a história do avião

Os irmãos Wright, Wilbur e Orville foram os primeiros a voar em um avião movido a motor em 17 de dezembro de 1903.

Eles fizeram quatro voos curtos em Kitty Hawk, Carolina do Norte, com Orville Wright como piloto.

Seu avião recebeu o nome de 1903 "Wright Flyer".

Você pode ver o avião deles em exposição no Museu Nacional do Ar e Espaço em Washington D.C.

A francesa Bessie Coleman é amplamente considerada a primeira piloto feminina. Ela obteve sua licença de piloto na França, em 1921. Ela se tornou uma famosa piloto de acrobacias.

O motor, construído por Charlie Taylor (um funcionário dos irmãos Wright), tinha 12 cavalos de potência e era movido a gasolina.

A primeira mulher a voar sozinha pelo Oceano Atlântico foi Amelia Earhart, em maio de 1932.

Tipos de aviões

Os aviões comerciais transportam muitas pessoas por longas distâncias. Entre eles, estão os aviões Airbus e Boeing usados pelas companhias aéreas.

O Turbuprop é um avião com hélice que pode voar entre 965 e 1609 quilômetros em um único voo.

O Piston é um pequeno avião que pode voar entre 482 e 643 quilômetros por voo.

Os jatos geralmente voam a 980 km por hora e podem atingir alturas de quase 15000 metros.

Os bombardeiros são aeronaves militares projetadas para transportar e lançar bombas em alvos inimigos - são maiores e mais lentos do que os caças.

Os caças são aeronaves militares projetadas para combater outras aeronaves.

Fatos aleatórios sobre aeroportos

Com uma pista com pouco menos de 400 metros, o menor aeroporto do mundo fica na cidade de Juancho E. Yrausquin, na ilha caribenha holandesa de Saba. Apenas pequenos aviões podem pousar lá.

O College Park Airport em Maryland (EUA) foi o primeiro aeroporto a abrir em 1909.

O Aeroporto Suvarnabhumi de Bangkok abriga a torre de controle mais alta do mundo, com pouco mais de 131 metros de altura.

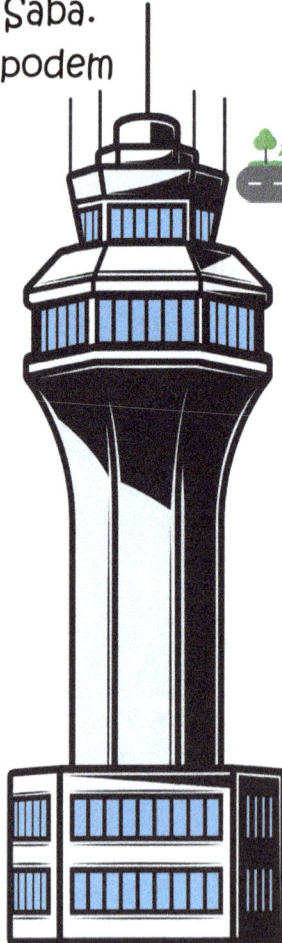

Em área terrestre, o maior aeroporto do mundo com 780 quilômetros quadrados é o Aeroporto Internacional Rei Fahd na Arábia Saudita.

O aeroporto com mais pistas é o Aeroporto Internacional Hartsfield-Jackson Atlanta nos Estados Unidos, que possui cinco pistas paralelas e duas pistas cruzadas.

O aeroporto com mais tráfego de passageiros no mundo o Aeroporto Internacional da Capital Pequim na China, com mais de 100 milhões de passageiros em 2019.

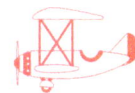

O maior edifício terminal está no Novo Aeroporto Istambul na Turquia, com uma área útil de 1,3 milhões de metros quadrados.

A pista mais longa do mundo tem 5500 metros. Está no Aeroporto Qamdo Bamda, no Tibete.

O Aeroporto Internacional Hamad no Catar tem uma piscina.

O Aeroporto Internacional Incheon na Coreia do Sul tem um jardim Interior.

O Aeroporto Internacional de Munique na Alemanha tem uma pista de gelo.

O Aeroporto Internacional Vancouver no Canadá tem um Aquário.

O Aeroporto Internacional Kuala Lumpur na Malásia tem uma passarela na selva.

O Aeroporto Internacional Hong Kong tem um Museu da Aviação.

Primeiros aviões

Em 1947, Chuck Yeager pilotou o Bell X-1, o primeiro avião a voar mais rápido do que a velocidade do som, 343 metros por segundo.

O primeiro voo que cruzou o Oceano Atlântico ocorreu em 1919 pela Marinha dos EUA. A jornada levou 24 dias.

Em 1927, Charles Lindbergh se tornou a primeira pessoa a voar pelo Atlântico em uma viagem única sem escalas. Levou menos de 34 horas para ele fazer isso.

O primeiro voo a cruzar o Pacífico, com partida da Califórnia, EUA e destino Brisbane, Austrália foi pilotado pelo aviador australiano Charles Kingsford Smith em 1928.

O primeiro voo à volta do mundo movido a energia solar levou mais de um ano para ser concluído. Começou em março de 2015 e terminou em julho de 2016.

O primeiro avião comercial, o de Havilland Comet, fez seu primeiro voo para a British Overseas Airways Corporation em 1952.

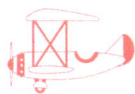

Em 1986, o primeiro voo sem escalas sem reabastecimento ao redor do mundo levou 9 dias, 3 minutos e 44 segundos.

Em 1939, o engenheiro alemão Hans von Ohain pilotou o primeiro avião a jato.

Registros de aviões

O recorde do voo mais longo sem escalas pertence à Singapore Airlines.

O voo percorre mais de 15.000 km de Cingapura a Nova Jersey nos Estados Unidos. Tem pouco mais de 18 horas de duração.

O menor avião do mundo pesa apenas 162 quilos e tem uma envergadura de somente 4,4 metros. Ele voa pelo ar a velocidades de até 482 km/h.

Com 640.000 kg, o Antonov AN-225 é o avião mais pesado do mundo.

18.288 metros é a altitude mais alta que um avião comercial já atingiu. Foi um avião Concorde.

A maior altitude que um avião militar já atingiu é cerca de 27.430 metros.

O maior avião de passageiros é o Airbus A380. Ele pode transportar até 850 pessoas.

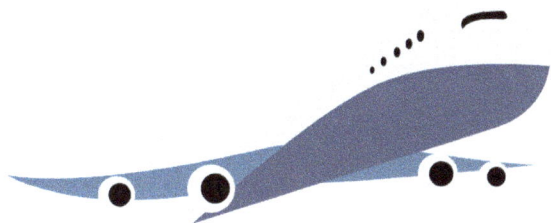

Inaugurado em fevereiro de 2018, o Stratolaunch tem a maior envergadura de um avião com 117 metros de ponta a ponta.

Alcançando uma velocidade de 3.530 quilômetros por hora, o avião mais rápido até hoje foi o Lockheed SR-71 Blackbird.

Quarta-feira, 24 de julho de 2019 foi o dia mais movimentado da aviação já registrado, ultrapassando 225.000 voos diários.

Fatos aleatórios sobre aviões

Alguns aviões podem voar até 5 horas com apenas um dos motores funcionando.

As caixas pretas são na verdade laranja brilhante.

A envergadura do Boeing 747 é maior do que a distância do primeiro voo dos irmãos Wright.

O Concorde podia voar quase duas vezes a velocidade do som a 605 metros por segundo.

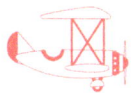

Um tanque Boeing 747 pode conter mais de 220.000 litros de combustível.

Todos os pilotos que voam internacionalmente devem falar pelo menos um pouco de inglês.

Os banheiros dos aviões podem ser abertos por dentro e por fora.

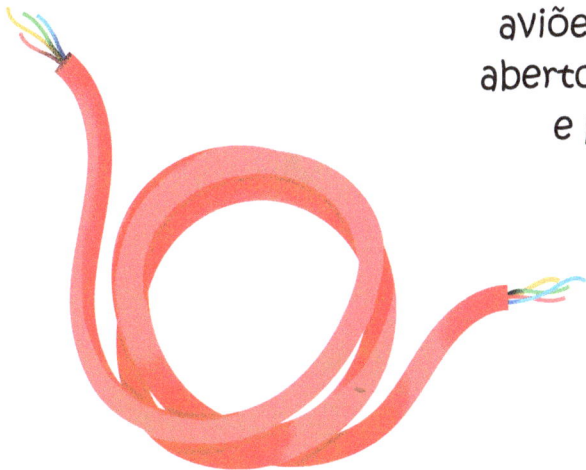

Existem mais de 225 km de fiação dentro de um Boeing 747.

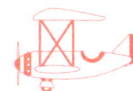

Mais fatos aleatórios sobre aviões

Em qualquer voo, o piloto e o copiloto comem refeições diferentes.

Em voos longos, os comissários de bordo têm acesso a quartos e banheiros secretos.

O nível de umidade em um avião, geralmente ajustado para 20%, é mais seco do que o Deserto do Saara, que tem cerca de 25% de umidade.

As primeiras refeições servidas em um voo foram sanduíches e uma fruta, em um viagem de Londres para Paris em 1919.

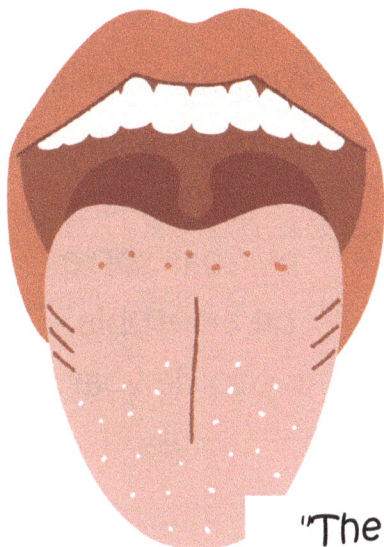

Durante o voo a sensibilidade das papilas gustativas é reduzida em 30% para alimentos salgados e doces.

Fundada em 1919, a transportadora holandesa KLM é a companhia aérea mais antiga do mundo.

"The Lost World" o primeiro filme exibido em um voo foi mostrado em uma viagem de Londres para Paris em 1925.

Os jatos comerciais geralmente voam a uma velocidade média entre 740 e 925 quilômetros por hora.

A Classe Executiva foi inventada pela Qantas em 1979.

Aproximadamente uma em cada seis pessoas sofre de aviofobia, medo de voar.

Um voo de Londres para Cingapura leva cerca de 12 horas. Em 1934, teria levado oito dias e incluído 22 escalas.

O Boeing 747 tem aproximadamente seis milhões de peças.

Leonardo da Vinci era fascinado por voar e projetou várias máquinas voadoras inspiradas nas asas dos pássaros.

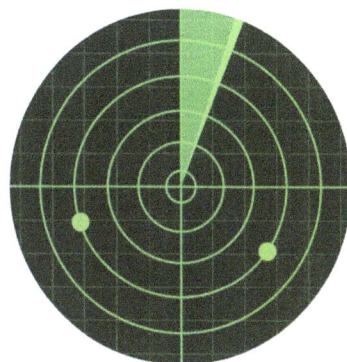

Além de carros, a SAAB fabrica aviões militares, sistemas de controle de tráfego aéreo e radares.

A Rolls-Royce fabrica motores de avião, além de carros de luxo.

Fatos aleatórios sobre aviões de papel

Acredita-se que os aviões de papel tenham tido origem na China há 2000 anos.

Os registros dos primeiros aviões de papel modernos remontam a 1909.

O recorde para o voo mais longo de um avião de papel é de 29,2 segundos.

Estudantes na Alemanha criaram o maior avião de papel em setembro de 2013. Ele tinha uma envergadura de 18,2 metros.

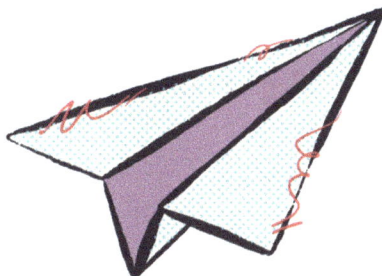

A maior distância que um avião de papel já planou pelo ar é pouco mais de 88 metros.

Instruções para aviões de papel

1. Dobre o papel ao meio.

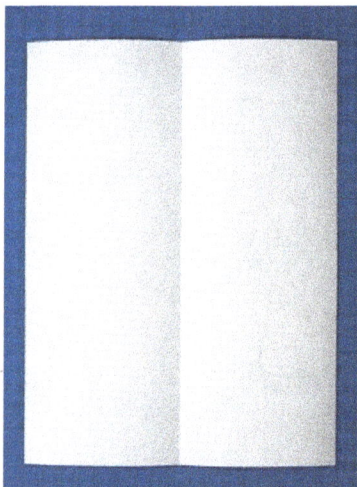

2. Desdobre e dobre os cantos em direção à linha central.

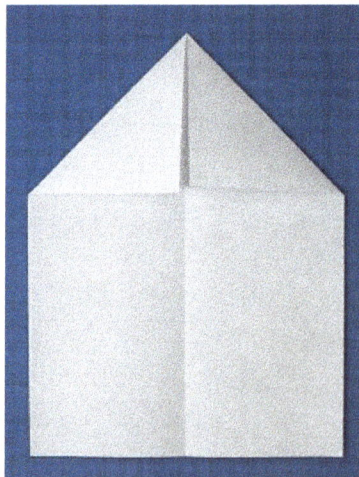

3. Dobre as bordas superiores para o centro.

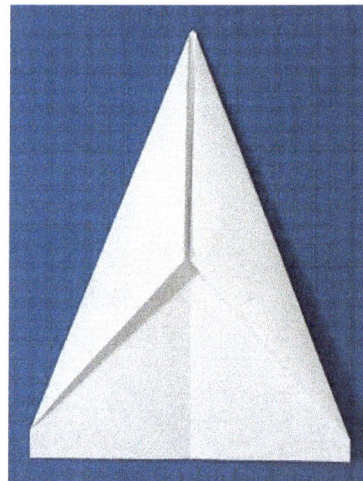

4. Dobre o avião ao meio.

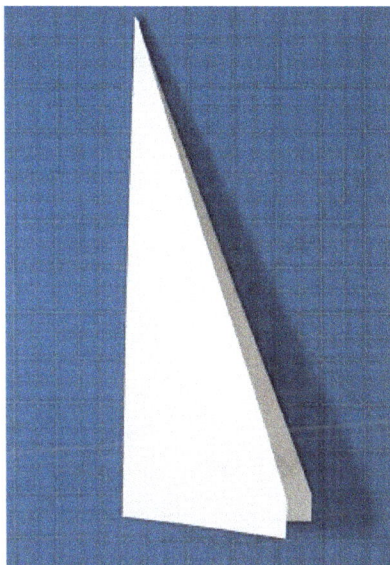

5. Dobre as asas para baixo para encontrar a borda inferior do corpo do avião.

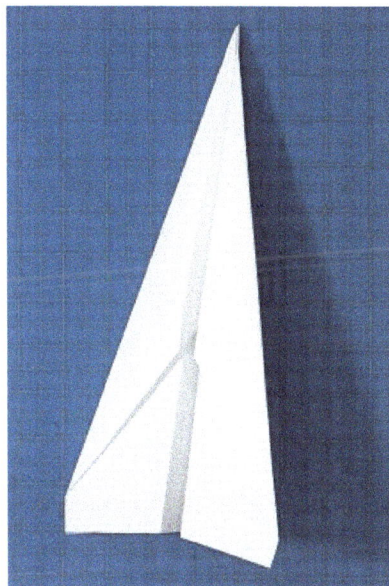

Obrigado à FoldNfly.com por estas instruções e imagens - para mais aviões, confira https://www.foldnfly.com/#/1-1-1-1-1-1-1-1-1-2

Outros Títulos na Série
Fatos Aleatórios

O Livro de Fatos Aleatórios sobre Carros

Mark Malkoun

Pauline Malkoun

O Livro de Fatos Aleatórios sobre o Cérebro

Pauline Malkoun

O Livro de Fatos Aleatórios sobre o Espaço

Pauline Malkoun

O Livro de Fatos Aleatórios sobre Linguagem

Pauline Malkoun

O Livro de Fatos Aleatórios sobre o Sono

Pauline Malkoun

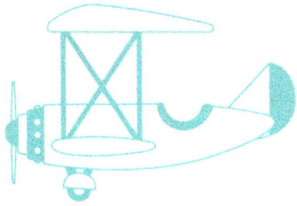

www.ingramcontent.com/pod-product-compliance
Lightning Source LLC
Chambersburg PA
CBHW080429030426
42335CB00020B/2651